KB112512

IJS 서울대학교 일본연구소
Reading Japan 24

위안부 합의 이후 한일관계

朴槿惠大統領弾劾罷免後の日韓関係を考える

저 자 : 와다 하루키(和田春樹)
역 자 : 양지영

제이앤씨
Publishing Company

본 저서는 정부(교육과학기술부)의 재원으로 한국연구재단의 지원을 받아 출판되었음(NRF-2008-362-B00006).

책 을 내 면 서

서울대 일본연구소는 국내외 저명한 연구자와 다양한 분야의 전문가를 초청하여 각종 강연회와 연구회를 개최하고 있습니다. 〈리딩재팬〉은 그 성과를 정리하고 기록한 시리즈입니다.

〈리딩재팬〉은 현대 일본의 정치, 외교, 경영, 경제, 역사, 사회, 문화 등에 걸친 현재적 쟁점들을 글로벌한 문제의식 속에서 알기 쉽게 풀어내고자 노력합니다. 일본 연구의 다양한 주제를 확산시키고, 사회적 소통을 넓혀 나가는 자리에 〈리딩재팬〉이 함께하겠습니다.

서울대학교 일본연구소
Reading Japan 24

차 례

서울대학교 일본연구소
Reading Japan 24

강연록

- 아베의 사죄 내용에는 진보한 부분이 있다. 아시아여성기금 사업을 실시하던 당시 하시모토 총리가 전달한 사죄의 편지에서 표명된 주된 문장을 이번 합의에서도 반복하고 있는데, 그 가운데 '도의적인 책임'이라는 말이 '일본 정부의 책임'이라는 말로 수정되었다.

일본 국민은 아베 정부의 한일합의를 지지하고 있다. 새로운 사죄와 10억 엔의 출연 또한 지지한다. 한일합의가 파기된다면 정신적인 타격이 클 것이다. 더욱 합의를 수용하고 그 내용을 역사적으로 명확히 할 수 있는 추가적 조치를 요구하는 편이 바람직하다.

위안부 합의의 평가와 과제

: 박근혜 대통령 탄핵 이후의 한일관계 전망 속에서

와다 하루키
(和田春樹)

남기정 : 제26회 서울대학교 일본연구소 일본진단세미나를 시작하도록 하겠습니다. 와다 하루키 선생님은 여러 분들이 워낙 잘 아는 분이셔서 길게 소개 말씀 올리지 않겠습니다. 도쿄대학 사회과학연구소의 교수로 계시면서 근현대 러시아 역사, 현대 한반도 역사, 한일관계에 관한 여러 저작을 발표하셨고요, 현재는 도쿄대학 명예교수로 계십니다. 한편 한일관계에서는 활동가의 면모도 갖고 계십니다. 특히 일본군 '위안부'(이하 위안부) 문제와 관련해서 95년 아시아여성기

금 때부터 지금까지 줄곧 많은 노력을 해 오고 계십니다.

재작년, 2015년 12월 28일에 한일 외교장관 사이에서 위안부 합의가 이루어졌습니다. 합의에 입각해서 10억 엔의 거출금이 한국 정부에 전달되었고, 화해·치유 재단이 설립되어 이를 통해 피해자 분들의 존엄회복과 상처치유를 위한 사업이 전개되고 있습니다. 그럼에도 문제는 아직 해결되었다고 할 수 없는 상황입니다. 양국에서 합의에 대한 평가가 분분한 가운데 한국에서는 이 합의에 대해 반대하는 여론이 높아 합의 파기 및 무효화 또는 재협상 논의가 일고 있기 때문입니다. 이러한 상황에서 한국에서는 곧 다음 정부가 출범하게 됩니다. 현재 대부분의 대통령 후보들이 합의 재협상을 공약으로 내건 가운데 다음 정부가 출범하면 합의는 어떻게 될 것인지, 그리고 위안부 문제는 또 어떻게 전개될 것인지, 예측하기 어려운 상황입니다. 이에 저희 일본연구소에서는 오랫동안 이 문제를 지켜보시고, 문제 해결을 위해 일본 쪽에서 노력해 오신 와다 하루키 선생님을 모시고, 위안부 합의의 의미를 다시 확인하여 문제 해결을 위해 지금 할 수 있는 일을 점검해 보는 시간을 갖고자 합니다.

이 어려운 시기에 어려운 자리에 나와 주신 와다 선생님께 깊이 감사드립니다. 그럼 곧바로 강연을 시작하도록 하겠습니다. 와다 선생님을 박수로 맞이해 주시기 바랍니다.

강연은 일본어로 하고, 나중에 질의응답이 혹시 필요하시면 제가 축차 통역을 하도록 하겠습니다. 한국어로 질의하셔도 괜찮습니다.

* 이하 강연 내용은 와다 선생님의 일본어 강연 원고를 한국어로 번역 게재한다.

1.

한국 국민의 승리는 위대한 승리이고, 위기에 처한 동북아시아 정세에 한 줄기 희망을 안겨주었다. 한국 국민은 대통령의 부정하고 부당한 행위를 묵인하지 않고, 오랜 기간 계속된 평화집회를 통해 박근혜 대통령을 탄핵하고 결국에는 파면을 쟁취했다. 진정 민주주의의 귀감이며 고개가 절로 수그러진다. 돌아보면 오늘날 동북아시아는 북한위기를 중심으로 극도의 긴장과 대립상태에 있고, 전쟁이냐 평화냐의 문제에 직면해있다. 동북아시아의 주요 국가들은 주변국들에게

신뢰를 주지 못하고 있다. 바로 이런 상황에서 한국의 새로운 대통령이 지역의 평화를 위해 강한 주도권을 발휘해 주길 바라는 기대가 높아지고 있다.

2.

새로 선출될 한국의 대통령이 그러한 새로운 주도권을 발휘하려 한다면, 이웃 나라 일본과의 관계를 검증하여 과거의 양국 관계에 대해 명확한 인식을 갖고 새로운 정책을 제시해야 할 것이다. 그런데 이러한 일은 새 대통령과 참모들이 고민해야 하는 일임이 분명하지만 더 나아가 박 대통령의 정치에 종지부를 찍기 위해서 집회를 이어온 한국 시민들 모두가 함께 고민해서 만들어야 하는 일이라 생각한다.

3.

오늘날 한국 국민과 시민, 민중이 일본과의 관계를 생각할 때 가장 큰 문제가 되는 것이 2015년 12월 28일에 이루어진 한일합의에 대한 평가이며 소녀상 문제라는 사실은 잘 알고 있다. 또한 과거가 된 박 대통령 통치 시대를 극복한다는 측면에서도 이 문제를 중요하게 인식하고 있을 것이라고 본다.

4.

한국과 일본은 협력하면서 살아가야 할 이웃 나라이다. 그러나 근대에 일본이 조선을 힘으로 병합하여 36년간 식민지로 지배해온 사실과 그로 인한 상처와 아픔 그리고 이에 대한 기억은 양국이 협력해서 공생관계를 구축하는 데 큰 장애물로 자리하고 있다. 이것이 양국이 풀어야 할 역사문제다. 양국의 협력을 바라는 사람은 이 사실을 직시하여 그 상처와 아픔을 치유하고 기억을 극복하기 위해 끊임없이 노력해야 한다. 따라서 식민지 지배의 과거를 반성하고 사죄하는 일은 일본 국민의 영원한 과제이다.

5.

위안부 문제는 일본과 한국의 역사문제 가운데 가장 중요한 문제로 인식되어 양국 국민은 그 해결을 위해 노력해왔다. 김학순 할머니의 공개 증언 이후로 4분의 1세기가 경과한 2015년은 위안부 문제 해결 운동이 마지막 국면을 맞이하면서 어떻게든 일정한 해결지점에 도달해야 할 시점이었다.

지난 25년의 경위는 대략 다음과 같다. 1990년 10월 한국 여성 8단체가 한일 양국 정부에 공개 서한을 제출하면서

위안부 문제에 관한 6개 항목 요구를 제기했다. 그 다음달인 11월 정대협(한국정신대문제 대책협의회)이 탄생했다. 1991년 8월에 김학순 할머니의 공개 증언 이후 일본 정부는 한국 노태우 정권이 문제를 제기함에 따라 위안부 문제를 조사하기 시작했고, 1993년에는 고노 관방장관이 담화를 발표하면서 위안부 인식을 확립하고 사죄했다. 그 사죄를 표현하는 방식으로 자민당-사회당-사키가케 연립정권(自社さ連立政権)인 무라야마 내각이 1995년 7월 아시아 여성기금을 설립하여 위안부 문제에 대한 사죄와 보상(atonement, 속죄)사업을 시작했다. 그러나 보상금에 정부의 자금을 포함시키지 않고 민간의 모금만으로 운영한다는 기금의 기본 방침에 대해 한국의 피해자들과 한일 양국의 운동단체가 반대하며 기금 구상의 철회와 아시아 여성기금 사업의 중단을 요구했다. 정대협은 위의 6개 항목에 책임자 처벌이라는 새로운 항목을 추가하여 7개 항목을 요구했고, 법적 책임을 인정하여 법적 배상을 지급하라는 주장을 했다.

아시아 여성기금과 일본 정부는 이 요구에 응하지 않았다. 그러나 국민 모금으로만 피해자 한 사람 당 200만 엔의 보상금을 지급하려 할 경우에 한국과 대만, 필리핀의 피해자에게만 지급하기에도 턱없이 모자랐으며, 정부자금을 보태지 않으면 사업을 지속할 수 없다는 사실을 사업개시 시점에 이미 인식하고 있었다. 계산이 근본부터 어그러져 수정이 필요했지만, 그런 과정을 거치지 않은 채 사업은 진행되었다. 사업 실행 단계에서 아시아 여성기금은 정부 자금을 도입한 의료복지 지원사업을 추가하고, 한국과 일본에서는 이를 현금으로 일괄 지급하기로 했다. 따라서 최종적인 보상사업의 내용은 정부 자금 300만 엔에 국민 모금 200만 엔을 더해 총 500만 엔이 지급되는 셈이었다. 그러나 이는 한국 및 대만의 피해자들과 운동단체들의 동의를 얻지 못했다.

결과적으로 아시아 여성기금은 필리핀 211명과 네덜란드 79명에 대해서는 속죄(atonement) 사업을 실시할 수 있었지만, 한국과 대만에서는 각각 60명과 13명으로, 등록된 피해자의 3분의 1정도만을 대상으로 실시하는 데 그쳐 화해의 방향으로 나아가지 못했다. 이후 2007년에 기금은 사업을 종료하고 해산한다.

이와 같이 일본 정부는 한국을 대상으로 실시한 사죄와 속죄 사업의 목적을 달성하지 못했기 때문에 새로운 노력을 해야 할 필요가 있었다. 그러나 일본 국내에서 이러한 움직임은 일어나지 않았다.

이와 같은 상황 속에서 2011년 8월 한국의 헌법재판소가 위안부 문제에 관한 한국 정부의 부작위를 헌법 위반으로 판결했다. 이 판결이 천우신조가 되었다. 이때 처음으로 한국 정부가 일본 정부에 직접 위안부 문제 해결을 요구하는 새로운 대항 구도가 만들어졌다. 물론 그 동안에도 정대협은 운동을 계속하고 있었다. 같은 해 12월 수요집회는 1000회를 맞이했고, 정대협은 소녀상을 일본대사관 앞에 설치했다. 얼마 후 한일 정상회담에서 이명박 대통령은 노다 총리에게 위안부 문제 해결을 강력하게 요구했다. 노다 총리는 "고민을 해 보겠다"고 겨우 대답할 뿐이었다.

2012년 2월에 일본의 운동단체들로 구성된 '전국행동 2010'은 하나부사 도시오(花房俊雄) 공동대표의 이름으로 위안부 문제를 정부 간 협의를 통한 정치 결단으로 해결할 것을 요구하며 다음의 세 가지 항목을 제안했다. 첫째, 피해자의 마음에 전달되는 사죄. 둘째, 정부 자금에 의한 '보상금(償い金)'의 지급. 셋째, 인도적 지원이란 관점의 철폐 등이다. 이 제안이 사이토 쓰요시(斎藤勁) 관방부장관에게 전해지면서 같은 해 10월 28일에 이명박 대통령 특사인 이동관 대사와의 사이에서 다음과 같은 해결안이 합의되었다. 첫째, 한일 정상회담에서 합의를 이뤄 그 내용을 공동성명으로 발표한다. 둘째, 총리의 새로운 사죄문에는 '도의적'이라는 단어를 쓰지 않고 '책임을 인정한다'고 표현한다. 셋째, 주한 일본대사가 총리의 사죄문과 국비로 조성한 사죄금을 피해자에게 전한다. 넷째, 제3차 한일 역사 공동연구위원회를 발족시키고, 그 산하에 위안부 문제 소위원회를 만들어 한일 양국이 공동으로 위안부 문제의 진상을 규명한다는 내용이다. 이명박 대통령은 이 합의안에 승인했지만, 노다 총리가 거부하면서 결국 합의안은 흐지부지 되어버렸다. 그리고 민주당 정권은 총선에서 패배하고 퇴진했다.

2012년 말에 민주당 정권을 대신해 자민당의 제2차 아베 신조 정권이 탄생했다. 역사 수정주의자인 아베는 고노 담화와 무라야마 담화를 재검토한다는 주장을 내세우며 자민당 총재 선거에서 승리했기에 총리가 된 직후부터 그러한 자신의 방침을 실행에 옮기겠다고 발언하고 있었다. 위안부 문제 해결은 불가능해지고 반동(反動)의 도래를 각오해야 했다. 그러나 이러한 아베 정권의 방침에 대한 미국의 비판은 처음부터 거셌다. 나아가 2013년 2월 동북아시아 최초의 여성 국가원수로 박근혜 대통령이 취임하자마자 위안부 피해자 문제를 해결하기 위한 방침을 명확하게 내세우고, 급기야는 아베 총리가 생각을 바꾸지 않는다면 한일 정상회담을 거부하겠다면서 정면으로 압박을 가하기 시작했다. 이를 이유로 일본 역사 수정주의 세력은 주간지를 중심으로 박근혜 대통령 개인에 대한 공격을 전개하여 한일관계가 극도로 험악해졌다. 결국 오바마 대통령이 개입했고, 아베 정권 내부에 있는 중도 성향 참모들의 설득도 있었던 것으로 생각되는 바,

2014년 3월 14일 아베 총리는 드디어 고노 담화를 계승한다고 밝히지 않을 수 없었다.

그리고 석 달 후인 6월에 제12회 아시아연대회의가 위안부 문제 해결을 위한 제언을 채택했다. 이 제언은 일본의 '전국행동'과 한국의 '정대협'이 공동으로 제안한 것에 기초하고 있었다. 그 내용은 첫째, 고노 담화의 계승과 발전에 기초한 해결. 둘째, 일본 정부의 책임을 인정한 사죄와 가해 사실의 인정(군의 위안소에서 본인의 의사에 반하여 위안부/성노예로 삼은 인권 억압이라는 사실 등). 셋째, 번복할 수 없는 방법에 의한 사죄 표명. 넷째, 사죄의 증거로서 배상. 다섯째, 진상 규명과 재발 방지 등이다. 이와 같은 내용으로 박근혜 대통령과 아베 총리가 합의를 이루어 해결해 달라는 제안이었다. 여기에 법적 책임과 법적 사죄 그리고 책임자 처벌이라는 단어는 포함되지 않았다. '사죄의 증거로서 배상'이라는 말은 정부 자금에 의한 배상금 지급을 의미할 뿐이었다.

2015년 4월 아베 총리가 미국을 방문해서 위안부 문제 해결에 대한 한국 정부 요구에 응하겠다는 태도를 미국 정부에 전한 것으로 보인다. 이 방미 이후로 야치 쇼타로(谷内正太郎) 국가안전보장회의 사무국장과 이병기 대통령 비서실장 사이에서 비밀협상이 진행되었다고 추측된다. 아베 총리는 자신을 지지하는 세력인 역사 수정주의파의 눈치를 보느

라 사죄에 기초한 새로운 해결에 나서지 못하고 있었다. 그러나 같은 해 11월에 야치 사무국장과 이병기 비서실장이 동석한 서울의 한일 정상회담에서 아베 총리와 박 대통령은 위안부 문제를 조기 타결하기로 합의했다. 그리고 12월 28일 한일 외교부 장관 회담에서 합의가 이루어져 발표된다.

6.

이 합의는 그 경위를 통해 살펴보면 일본의 아베 정권이 박근혜 정권이 제시한 한국 측의 요구를 수용하여 원하지 않았던 고노 담화의 계승을 서약하고 위안부 문제에 대해 새롭게 사죄했을 뿐만 아니라 일본 정부의 예산으로 위안부의 명예와 존엄을 회복하고 심신의 상처를 치유하기 위해 10억 엔을 제공하는 내용의 추가적인 조치를 취했다는 것을 의미한다. 이는 아베 총리 입장에서는 받아들이지 않을 수 없는 조치였고, 박근혜 정권 입장에서는 승리한 교섭의 결과로 쟁취한 성과였다.

일본 국내에서는 아베 총리가 합의한 수준이 일본인들 대부분의 예상을 웃도는 것이어서 아베의 지지자들인 역사수정주의자들에게는 큰 환멸과 실망을 안겨줬지만, 국민은 이를 환영했다. 일본 국민은 1995년 아시아여성기금에 이어 이번 조치 또한 지지했던 것이다. 일본 국민은 피해자들에게 거듭 사죄하고 금전적인 지급 약속을 당연한 일로 받아들였다.

이는 일본 정부의 위안부 문제에 대한 인식, 태도, 기본적인 방침이 더 이상 흔들리지 않고 유지된다는 것을 의미했다. 아베의 역사수정주의 광풍이 휩쓸고 있던 일본의 상황을 감안한다면 뜻밖의 경사였다. 이런 측면에서 보면 '불가역적인 조치'가 합의문에 포함되었다는 사실은, 일본 정부가 여기에 표명된 입장으로부터 후퇴하지 않으며, 앞으로 재수정을 시도하는 일 또한 없을 것이라는 의사를 분명하게 드러냈음을 의미한다.

7.

그러나 아베는 자신이 받아들일 수밖에 없었던 사죄와 속죄의 조치를 보이지 않도록 감추거나 지우려 했고, 나아가 그 의미와 영향을 축소시키면서 자기변명하는 데 몰두했다. 이러한 의도는 여러 행동으로 나타났다. 아베 총리는 박 대통령에게 전화로 한 번의 사죄를 하고, 자신의 이름이 들어간 사죄문을 남기지 않았다. 그리고 추가적인 조치는 일절 없다며 위안부 문제에 관련한 한국 측의 모든 행동에 반대한다는 태도를 보였다. 한국의 피해자, 운동단체, 시민단체들은 아베의 사죄 지우기 전술에 강하게 반발했다. 이는 충분히 이해할 수 있는 일이다. 하지만 중요한 것은 아베가 아무리 책동을 꾸민다고 해도, 아시아여성기금 해산 후에 아베 정권이 한국 측의 요구에 따라 위안부 문제를 사죄하고 추가적인 조치를 취했다는 사실을 역사에서 지울 수 없다는 점이다.

8.

그리고 아베의 사죄 내용에는 진보한 부분이 있다. 아시아여성기금 사업을 실시하던 당시 하시모토 총리가 전달한 사죄의 편지에서 표명된 주된 문장을 이번 합의에서도 반복하고 있는데, 그 가운데 '도의적인 책임'이라는 말이 '일본 정부의 책임'이라는 말로 수정되었다. 이는 노다 총리와 이명박 대통령 시대에 이루어졌던 양국협상의 성과를 수용한 것으로 보인다.

9.

운동단체는 정부 간의 교섭에 대해, 위안부 문제 해결을 합의할 때 존중되어야 할 요구사항을 두 번에 걸쳐 제기했다. 하나는 2012년 2월 하나부사의 제안이고, 다른 하나는 2014년 6월 제12회 아시아연대회의 제안이다. 한일합의를 평가하는

데 있어 근거로 삼아야 할 검증의 기준은 이 두 가지 제안이라고 생각한다. 즉 1990년 정대협의 6개 항목, 나중에 책임자 처벌이 더해진 7개 항목의 요구는 이 시점에서는 검증의 기준이라고 할 수 없다. 위 두 가지 제안과 합의를 비교해보면, 기본적으로는 두 제안 내용이 합의에 포함되어 있지만, 사죄가 피해자의 마음에 닿는 형태로 이루어지지 않았다는 점, 위안부 가해 사실을 인정한 부분이 포함되지 않았다는 점을 지적할 수 있다. 하지만 그렇다고 해서 합의를 전적으로 부정할 수는 없다.

10.

또 하나 중요한 사실은 화해·치유재단이 35명의 생존 피해자에게 1,000만 엔, 즉 1억 원의 치유금을 지급했다는 점이다. 2016년 12월 18일 ≪한겨레신문≫에 따르면, 국외 거주 2명까지 포함해서 수령거부 또는 수령대상 미확인자가 모두 12명으로 수령한 사람은 80%정도에 이른다고 볼 수 있다. 정대협은 1995년의 일을 반성하면서 이 금액의 수령 여부는 피해자가 결정할 일이라는 방침을 확립했다. 따라서 정대협은 이 결과을 엄중하게 받아들인 것이라고 보인다. 일반 시민단체가 합의 철회를 주장했다가는 돈을 받은 피해자를 비난

하게 될 우려가 있다. 그것만은 반드시 피해야 한다.

11.

일본 국민은 아베 정부의 한일합의를 지지하고 있다. 새로운 사죄와 10억 엔의 출연 또한 지지한다. 따라서 한일합의가 파기된다면 정신적인 타격이 클 것이다.

12.

그래서 더욱 합의를 수용하고 그 내용을 역사적으로 명확히 할 수 있는 추가적 조치를 요구하는 편이 바람직하다고 생각한다. 피해자의 '명예와 존엄을 회복하고 마음의 상처를 치유하기 위한 사업'의 제 2단계 내용으로 재단이 나서서 돌아가신 피해자 할머니를 위한 위령비 건설을 추진하는 일이 의미 있다고 본다. 한국과 일본 국민이 이번 한일합의를 하나의 해결에 도달한 노력으로 기억해두기 위해 필요하다면 일본 정부가 참가한 가운데 한국 화해·치유재단이 서울에 위령비를 세우는 것도 좋은 방법이다.

위령비에는 한국 정부가 책임지고 한일 양국 정부가 합의에 도달한 위안부 문제에 관한 인식을 기재하고, 그 다음에 12월에 합의된 대로 아베 총리의 사죄 말을 기록한 뒤 마지막에는 역사 인식의 심화와 확산의 결의, 돌아가신 할머니들에 대한 위령과 한일화해의 희망을 담은 새 대통령의 말씀을 기재하면 된다. 머리말인 위안부 인식에 대한 부분에 아시아연대회의가 제기한 4개 항목을 최대한 반영할 수 있도록 문장을 다듬는다면 위령비 건설에 대한 지지도 확산될 것이다.

13.

그런데 위안부 문제에 관한 일본의 사죄 및 사죄의 표현인 금전적인 조치를 전혀 받지 않은 피해자가 여전히 많다. 북한에는 200명 이상의 피해자가 등록되어 있었는데 대부분 사망했다고 전해진다. 그러나 생존 피해자도 있을 것이다. 이런 처지의 사람들에게도 한국의 피해자와 운동단체가 앞장서서 일본 정부가 사죄하고 금전적인 조치를 취해야 한다는 메시지를 발신해주면 좋겠다. 200명이 사망하고 10명이 생존해있다면 한국의 화해·치유재단이 결정한 기준에 따라 북한의 피해자들에게 5억 엔이 지급되어야 한다는 계산이 나온다. 중국에서는 위안부 피해자 24명이 일본의 법정에 소송을 제기했지만, 전원 패소한 뒤 한을 품은 채 모두 사망해버렸다. 이 분들의 유족들에게도 사죄의 말과 200만 엔이 전달되어야 한다. 그 외에도 인도네시아 피해자 문제도 있다. 한국의 피해자와 운동단체에서 이런 부분들을 지적하고 요구한다면, 일본이 문제를 해결하는 데 큰 도움이 될 것이다.

14.

하지만 2017년 봄 동북아시아의 가장 큰 문제는 북한 정세를 둘러싼 위기이다. 이런 상황이기에 한국 새 대통령에게는 이니셔티브 발휘를 기대하고 있다.

북한이 핵실험과 미사일 발사를 강행하고, 주변 국가들이 유엔 안보리의 대북 제재 수위를 높이는 방침이 반복되고 있다. 북한을 압박하지만, 북한은 핵개발을 멈추지 않고 긴장은 심해질 뿐이다. 작은 실수가 사태를 걷잡을 수 없는 지경에 이르게 할 수 있는 위험한 상태이다. 다시 연평도 사태가 일어난다면 한국군은 보복 폭격을 가할 것이다. 그렇게 되면 어떤 사태가 벌어질지 모른다. 남북 간에는 안전장치가 없다. 유사시 한반도는 6·25전쟁의 재현만으로는 끝나지 않을 것이며, 순식간에 국지적 충돌이 전면전쟁으로 확대될 것이다. 한반도와 일본은 미사일 공격의 대상이 되고 일본은 자동적으로 참전하게 될 것이다. 미국은 이를 막기 위해서 외과 수술 방식의 테러공격을 가하겠다고 위협하지만, 이것이 북한을 격분하게 만드는 요인이 되고 있다.

김정남 살해사건은 또다시 북한 체제가 안고 있는 문제점을 드러낸다. 이 사건을 누가 일으켰든 간에 북한의 고립과 긴장은 한층 더 고조되고 있다.

지난 미국의 정책은 이미 실패했다. 북한에 대한 일본의 정책도 실패했다. 근본적인 정책전환이 필요하다. 일본은 평화헌법의 나라이고 평화헌법 제9조는 국제분쟁의 비군사적 해결을 바란다. 평화국가라면 마땅히 평화외교를 해야 한다.

지금은 오바마 대통령이 실시한 '쿠바와의 무조건 국교정상화'를 모델로 삼아 '북한과의 무조건 국교정상화'에 나서야 한다. 식민지지배 관계 청산을 위해 문을 열어야 한다. 국교를 정상화하고, 대사를 교환하되 제재는 유지한다는 방법이 현실적인 선택지가 될 수 있다. 이를 위해 당장 다음의 세 가지 문제에 관한 교섭을 개시해야 한다. 첫째, 경제협력과 식민지지배의 청산 문제. 둘째, 납치 문제. 셋째, 핵과 미사일 문제 등이다.

일본이 이와 같은 방향으로 나아갈 수 있도록 설득하는 일이 한국의 과제이다. 일본과 북한의 협상을 돕기 위해, 위안부 문제와 관련해 일본이 한국에 했던 조치를 북한에서도 실시하라고 촉구하면서, 남겨진 역사 문제의 해결을 위해 앞으로 전진해야 한다. 즉 한일조약 제2조의 해석문제를 해결해야 한다. 합병조약은 처음부터 무효였다는 것을 일본이 인정하도록 해야 한다. 이 문제를 해결하지 않은 채 일본과 북한의 조약은 체결될 수 없다. 한국이 독도를 가지고 독립했다는 사실을 일본이 인정하도록 해야 한다. 그리고 이러한 과제는 마땅히 실현되어야 할 것이다.

서울대학교 일본연구소
Reading Japan 24

토론문

남기정 : 네, 감사합니다. 토론시간은 한 40분 정도 확보할
수 있었습니다. 혹시 한국어로 질문 하실 때는 저한테
도움을 요청해 주십시오. 제가 통역을 하겠습니다. 그
리고 질문하실 때는 소속과 성함을 말씀해주시면 감
사하겠습니다. 우선, 여러분들이 질문할 것을 생각하
시는 동안에 제가 질문을 하나 드리겠습니다. 먼저 한
국어로 질문하고 다음에 일본어로 질문 드리고자 합
니다.

한국에서는 지금 무효화 요구가 일고 있고, 많은 대
선 후보들이 재협상을 요구하겠다는 것을 공약으로
내걸고 있습니다. 그런 한국의 움직임에 대해서 일본
쪽의 반응은 어떤 것인지 좀 여쭙고 싶습니다.

와다 : 전체적으로 일본에서는 매우 걱정하는 분위기입니다. 특히 당선 후보로 유력시되는 문재인 씨가 친북이라는 이미지가 있어서 대단히 걱정스럽게 보고 있습니다. 반면에 실제로 대통령으로 당선되면 유연해지지 않겠냐고 기대하는 평론가도 있습니다. 그러나 소녀상 문제를 포함해서 한국의 대통령 후보들 모두가 이 문제를 매우 심각하게 생각하고 있고 비판하고 있다는 사실은 일본에서도 잘 알고 있습니다.

한 가지 더 말씀드리자면, 부산 소녀상과 관련해서 대사가 강제 소환된 이후 한국으로 돌려보낼 기회를 여러 번 놓쳐버렸습니다. 이 상태로 가면 대사의 귀환은 새 대통령이 탄생한 이후가 되어버립니다. 한일관계가 또다시 긴장 상태에 놓여있는데, 이 상태를 개선하기 위해서는 우선 대사가 움직여야 합니다. 이는 일본 정부에서도 노력을 많이 기울여야 할 부분이라고 생각합니다.

남기정 : 이제 청중 여러분의 질문 받겠습니다.

질문자1 (동아일보 이혜민 기자) : 늦게 와서 강연을 제대로 못 들었는데요, 혹시 강연 중에 말씀하셨는지도 모르

겠지만, 화해·치유재단에 향후 어떤 기대를 하고 계
신지 여쭙고 싶습니다.

와다 : 화해·치유재단이 대단히 어려운 처지 속에서 사업을
　　　진행하고 있다는 사실은 잘 알고 있습니다. 저 또한
　　　아시아여성기금에서 일하면서 어려운 상태에 있어
　　　봤기에 그 어려움을 더 잘 이해합니다. 특히 일본에서
　　　전달된 돈을 피해자에게 직접 전달하는 일은 굉장히
　　　힘든데 그런 역할을 대신 해 주시고 계신 점은 일본
　　　인의 입장으로서 죄송스럽게 생각합니다. 또한, 피해
　　　자 분들과 직접 접촉하면서 그분들의 마음을 어루만
　　　지고 프라이버시도 지켜드리면서 조용히 일을 진행
　　　해온 입장과, 생존자에게도 유족에게도 공히 열심히
　　　접촉하면서 노력해온 부분에 대해서도 잘 이해하고
　　　있으며 어려운 입장이시라는 점 잘 압니다. 다만 재단
　　　입장에서 좀 더 적극적으로 기자회견 같은 자리를 만
　　　들어서 지금까지 해왔던 일을 한국과 일본 그리고 세
　　　계에도 널리 알려주셨으면 하는 바람입니다.
　　　그리고 앞으로의 일과 관련해서는, 이 화해·치유재
　　　단은 박근혜 대통령 시대에 만들어진 것이긴 하지만,
　　　지금 수행하고 있는 사업은 박근혜 대통령과는 상관

없이 이루어지고 있다고 봅니다. 따라서 재단은 목적에 따라 필요한 시기에 사업을 계속 이어갈 것이라고 기대하고 있고, 또 여러 가지 요구를 받아들여 사업을 전개하는 역할을 해 주실 것으로 생각합니다. 그리고 명예회복과 상처 치유를 위한 추가적인 조치도 해야 합니다. 그중의 하나가 아까 제가 한 발표 가운데 말씀드린 위령비 건립에 관한 이야기입니다. 재단에서도 초기에는 위령비 건립에 대한 논의가 있었다고 들었습니다. 앞으로 이러한 추가적인 사업들을 조금 더 적극적으로 전개해주시길 기대합니다.

질문자2 (통일평화연구원 김성철) : 다시 뵙게 되어 반갑습니다. 미국의 역할에 관한 두 가지 질문을 드리려고 합니다. 하나는 2015년 12월 합의 이전부터 미국이 구체적으로 어떤 중재 역할을 했었나 하는 것이고요, 다른 하나는 틸러슨 국무장관이 일본과 한국, 중국을 방문했을 때 위안부 문제가 어떤 식으로 언급되었는지 말씀해주시면 감사하겠습니다.

와다 : 박 대통령이 등장하고 아베와 충돌하던 단계에서부터 미국은 다양한 각도로 개입했습니다. 정부와 의회, 대

사관 그리고 신문이 개입했습니다. 또한 주일 미대사
관에서는 저에게도 접근을 해와서 위안부 문제 해법
에 관한 의견을 묻기도 했습니다.

미국 정부는 상당한 노력을 했습니다. 아베 총리가
2014년 3월 고노 담화를 수정할 생각이 없다는 발언
을 하자, 오바마 대통령은 박근혜 대통령과 아베와의
3자회담을 설정했고 3자회담 이후 아베는 고노 담화
를 계승한다는 의견을 표명합니다. 그 배경에는 미국
의 중재 노력이 있던 것으로 보입니다.

그러나 이후 합의가 이루어질 무렵이 되면, 미국 정
부의 위안부 문제에 대한 관심은 희박해집니다. 이미
아베가 미국 정부에게 위안부 문제에 대해 합의한다
는 약속을 했기에 미국은 그것으로 충분하다고 보고
더는 압력을 가하지 않은 것이라고 이해하고 있습
니다.

2015년 합의가 성립되었을 때 미국은 합의에 지지했
습니다. 미국 입장에서는 이제 북한에 대항해서 미
국·한국·일본의 군사협력 체제를 재구축할 수 있다
고 전망한 것이지요. 이 합의로 해결되었다고 생각한
것입니다.

틸러슨 국무장관의 한중일 방문 건으로 일본에서는

틸러슨 씨가 위안부 문제로 한국과 일본이 다시 충돌하고 있는 상황의 관계개선을 바라는 요구가 있었을 것이라는 추측도 있었지만, 저는 지금의 트럼프 정권은 이 문제에 대해서 적극적인 입장이 아닐 거라고 생각합니다. 그렇기 때문에 저는 더더욱 미국의 도움 없이 한국과 일본 당사자들 간에 문제를 해결해야 한다고 생각합니다.

질문자3 (서울대학교 대학원 니시지마 리에) : 아까 말씀하신 내용 중에서 합의와 관련해서 질문을 드리고자 합니다. 합의 후 일본 국내의 반응은 대체로 환영하는 분위기였다고 평가하셨는데, 어떤 면에서 그렇게 느끼셨는지 듣고 싶습니다. 당시 저는 일본에서 일본의 반응을 볼 수 있었는데, 특히 우익단체들이 국민의 혈세를 써서 돈을 지급하는 것은 말도 안된다고 하며 국회의사당 주변에서 합의에 반대하는 운동을 하기도 했습니다. 그래서 특별히 일본에서 합의를 환영한다는 생각이 들지 않았거든요. 선생님은 어떤 면에서 환영하는 분위기를 느끼셨는지 듣고 싶습니다.

와다 : 대단히 중요한 질문입니다. 일본 국민 대부분이 지지

한다는 평가에 어떤 근거가 있냐는 지적은 대단히 중요하지만, 대답하기 어려운 문제이기도 합니다. 다만 주목해야 할 점은 일본 우익이 분열하고 있다는 사실입니다. 분명 일본 우익단체는 합의 후에 분노하고 있습니다. 그렇지만 그중에서 산케이 신문이나 사쿠라이 요시코(櫻井よしこ) 씨와 같은 분은 분하다고 하면서도 결국에 이 합의를 지지했습니다. 이와 반대로 후지오카 노부카쓰(藤岡信勝) 씨나 니시오 간지(西尾幹二) 씨는 강력하게 비판하면서 대립하는 상황이 만들어졌습니다. 이렇게 우익이 분열되고 혼란스러운 상태였기 때문에, 우익이 위안부 문제로 여론에 발휘할 영향력이 약해진 건 분명합니다.

그런 상황 속에서 일본 미디어는 대체로 합의를 지지하는 방향에서 논조를 이루고 있었고, 그리고 일본 국민은 좀 어려운 표현이지만 '고에나키 코에(声なき声)', 즉 '소리 없는 소리'로 지지하고 있었다고 생각합니다. 예전에 아시아여성기금 이사장이던 하라 분베(原文兵衛) 씨가 국민의 소리 없는 소리는 사죄를 지지하는 태도라고 평가한 적이 있습니다. 일단 지급되는 10억 엔의 액수도 지나치게 많다거나, 돈을 왜 내야 하는지와 같은 비판의 목소리를 신문이나 잡지 투

고에서도 본 적이 없습니다. 그리고 TV에서 위안부 합의에 관한 평가를 할 때도 반대하는 목소리나 의견을 들어보지 못했습니다. 아마도 일본 우익의 분열이 크게 작용한 걸 테지요. 우익의 분열로 일본 국민도 균형적인 판단을 할 수 있었다고 봅니다. 따라서 일본 국민은 사죄를 인정하고 10억 엔의 출연금도 지지하고 있었다고 평가하는 것입니다.

질문자4 (일본연구소 조관자) : 미국의 도움 없이 한일이 주체적으로 문제를 해결하는 게 바람직하다는 제안을 하셨지만, 지금 한국 측은 적어도 아베가 무릎 꿇고 적극적으로 사죄하길 바라고 있습니다. 이런 상황에서 선생님이 바라시는 방법이 가능할 수 있을지 의문이 생깁니다. 혹시 문제 해결을 위해 더 좋은 실현방법이 없을지 여쭙고 싶습니다.

와다 : 네, 아베 총리에게 변화를 바라는 일은 더는 어려울 것이고, 그것을 위한 노력도 의미가 없다고 생각합니다. 일본 정부의 역사 인식이 전진 하는 것은 포스트 아베에서나 가능한 일이고, 아베 정권 이후에 등장할 다른 정권에나 기대해야 합니다. 지금 아베에게 바랄

수 있는 일은, 아베가 사죄했다는 사실을 분명히 해서 기록으로 명확하게 남기는 일입니다. 그 이상은 아베에게 바랄 수 없을테지만, 아베가 사죄한 사실을 기록하는 일도 의미가 있다고 생각합니다.

만약 위령비를 세우고 거기에 그 사실을 기록해 둔다면, 나중에 한국에 와서 일본 국민을 대표해 진심 어린 사죄를 할 수 있는 사람은 아베 총리가 아닌 천황이 될 것입니다. 지금 천황이 퇴위한다는 이야기가 나오고 있는데, 이것은 일설에 의하면 퇴위하기 전에 한국을 꼭 방문해보고 싶다는 의사 표현이라는 해석도 있습니다. 또는 퇴위하고 난 후에 자유로운 몸으로 방문하고 싶다는 메시지라는 해석도 있습니다. 어쨌거나 위령비가 세워지고 천황이 그곳을 방문한다면 진심어린 사죄의 표현이 될 테고, 위안부 문제를 풀어가는 데 큰 의미를 부여하게 될 것으로 생각합니다.

질문자5 (서울대학교 대학원 이민정) : 안녕하세요. 저는 정부와 시민사회들이 이 상황에서 수행해야 할 각각의 역할에 관해서 질문드리려고 합니다. 이미 말씀하셨지만, 2011년 헌법재판소 이후에나 정부가 적극적으로 참여하게 되었는데, 그 전까지는 일본 정부와 한국 시민단체의 대립구조로 갔었고요.

이후에 해결을 어떻게 해야 하나 라는 부분에서, 어떻게 해결할 것인가의 문제도 있지만, 이 문제를 어떻게 기억할 것인가라는 문제도 있다고 생각합니다. 그러니까 정부와 시민사회의 대립구조가 계속되는 과정에서 각자가 해결에 대해 어떤 역할을 가지고, 이 문제를 기억하는 것에 있어서는 어떤 역할을 해야 하는지 선생님의 의견을 듣고 싶었습니다.

와다 : 위안부에 관한 연구는 지금까지 나름대로 진행되어 오고 있습니다만, 여전히 불충분합니다. 한국과 일본 모두 불충분합니다. 따라서 자료를 발굴·수집하고, 자료가 부족하면 이론을 구축해서 부족한 부분을 보충해가면서 더 깊고 포괄적인 인식에 도달해야만 합니다. 그런 의미에서 이번 합의가 일단락된다면 한국의 재단이 위령비를 세우고 위안부기념관을 만들어 전 세계의 연구자를 불러 모아 위안부 문제에 관한 연구를 한국이 주도적으로 이끌어주면 좋겠습니다. 물론 일본정부와의 협력도 바람직합니다. 위안부 문제는 한국이 전 세계에 문제를 제기했던 주체였던만큼, 한국이 중심이 되어 전 세계 위안부 문제를 풀어

가는 노력을 주도해주길 바라는 마음입니다. 이런 생각으로 여러 번 제안을 드렸는데, 운동단체 쪽에서는 이 일은 운동단체의 일이고, 정부가 개입할 필요가 없다는 반응을 보이십니다. 그러나 이것은 앞으로 해결해나가야 할 문제라고 생각합니다. 이유야 어떠하든 연구는 꼭 필요합니다.

첨언 드리자면, 한국에서 여성가족부의 주도로 위안부백서를 만들기로 결정하고 국민대학교의 이원덕 교수가 위원장이 되어 위안부백서를 작성하기 위해 분투해오셨습니다. 그리고 2015년에 이미 초안이 완성되어 정부에 제출된 것으로 알고 있습니다. 상황이 나빠지다 보니 지금은 보류상태인 모양인데, 이것은 위안부 합의 이행 여부와 상관없이 진행될 수 있도록 한국 정부가 지속적으로 노력해주어야 합니다. 그 경우에 일본의 의견도 좀 들어 주셨으면 좋겠는데, 아무래도 일본정부와 한국정부가 공동으로 위안부백서를 만든다는 조건이 없어 의견을 구하기에는 어려운 상황입니다. 상황이 이러하니 한국 정부가 책임지고 일본 정부와 연구자들에게 협력을 요청해서 위안부백서를 완성할 수 있도록 도와주시길 바랍니다.

질문자6 (일본연구소 이은경) : 두 가지 질문하고 싶은 것이 있습니다. 하나는, 위안부 문제와 관련해서 한국과 일본의 국민감정을 가장 자극하는 것이 일본인에게는 소녀상이고, 한국인에게는 아베 총리의 태도와 정치가의 망언입니다. 한국에서 소녀상 문제는 민간단체가 하는 운동이라 일본 정부에게 그와 관련한 책임을 묻기는 어렵지만, 일본 정치가의 망언에 대해서는 일본 정부가 어떤 방안을 마련하는 게 좋지 않을지, 또는, 위안부 합의안 안에 그런 내용을 넣는 편이 오히려 한일감정을 순화시키는데 효과적이지 않았을까 생각합니다.

또 하나는 방금 말씀하신 위령비는 정말 좋은 아이디어라고 생각했습니다. 위령비가 세워진다면 꼭 천황이 한국을 방문해주시면 좋겠다고 생각합니다. 위안부에 대한 발언은 정치적인 행보이기 때문에 어렵겠지만, 필리핀에 가셨던 것처럼 한국에 위령비가 세워지면 꼭 와주시길 바랍니다. 질문을 드리고 싶은 것은 위령비와 한국의 소녀상의 의미가 어떻게 다른지, 그리고 한국의 소녀상은 어떻게 하면 좋을지, 다른 곳으로 옮길 것인지, 없앨 것인지 아니면 어딘가에 보관을 하는 게 좋은지, 선생님은 어떻게 생각하시는지 여쭙고 싶습니다.

와다 : 우선 망언 문제에 대해 말씀드리면, 위안부 문제에 대해 사죄한 일본 정부의 발언을 취소할 수 없을 뿐더러, 만일에 합의를 이끌어온 고노 담화와 같은 그동안 일본 정부가 노력해온 역사 인식에 반하는 말을 할 경우에 이것은 일본의 사죄를 부정하는 것이 되고, 또한 합의 위반이 되기 때문에 그럴 경우에는 한국 정부가 합의 위반으로 강력하게 항의해도 되는 일이라고 생각됩니다. 논리적으로는 그러므로 망언이 합의위반이라고 비판할 수 있을 것 같습니다.

다음으로 소녀상 문제에 대해 말씀드리면, 소녀상은 기본적으로 위안부의 위령상이지요. 위령상을 만드는 것은 충분히 의미가 있고 필요한 일이라고 생각합니다. 사실은 아시아여성기금 때에도 정대협의 7항목의 요구 안에 위령비 건설이 있었기 때문에, 아시아여성기금에서도 이걸 한번 검토했던 적이 있습니다. 그래서 당시 김대중 대통령에게 만약 일본에서 위령비를 건립한다면 일본 측의 성의를 인정해줄 수 있는지, 인정한다면 아시아여성기금도 성의로 인정해주길 바란다는 편지를 보낸 적이 있습니다. 그래서 김대중 대통령은 아시아여성기금을 받지 않은 사람에게는 3천만 원에 해당하는 금액을 전달하는 사업을 전개한다는 결정을 내릴 때, 아시아여성기금의 사업을 중지해달라고 요청했습니다. 그리고 위령비를 건설하는 방향으로 사업내용을 바꿔줄 수 있겠느냐는 요청도 있었습니다.

그래서 여러 가지로 검토를 한 적이 있었는데, 위령비를 일본에 세운다는 것은 어려운 일이었습니다. 만일에 야스쿠니를 대신하는 무종교 전사자를 위한 위령시설이 만들어진다면, 거기 일각에 위안부의 위령비를 만든다는 구상도 있었습니다만, 결과적으로는 성공하지 못했습니다. 어쨌거나 위안부와 관련한 위령비 건립은 의미 있는 일이라고 생각하지만, 어떤 이미지로 만들지 결정하는 것은 굉장히 어려운 일이라고 생각합니다. 위안부가 말하는 모습을 재현해서 만든다고 해도 문제가 있습니다. 그래서 피해자 할머니들이 가슴에 품고 있는, 돌아가고 싶은 소녀의 이미지를 살린 위령비도 의미가 있다고 생각합니다. 물론 소녀상에 대한 비판도 있지만, 중요한 점은 위령비를 만드는 것은 당연한 일이고 존중받아 마땅하다는 사실입니다. 그리고 일본인은 이렇게 만들어진 위령비 앞을 지날 때 경건한 마음을 가져야 한다고 생각합니다.

문제는 이것을 일본 대사관이나 영사관 앞에 세운다면 소녀상은 일본에 대한 정치적 행동의 수단이 되어 버린다는 것입니다. 소녀상이 평화의 상징이라는 점은 이해하지만, 이것이 위령의 의미가 아닌 일본에 대한 정치적 행동의 수단이 되어버리면, 이는 위령의 의미를 넘어서게 되고 일본에서도 그런 부분에 대해 항의하는 것입니다. 빈 조약 같은 것도 있어서 이와 같은 일을 문제 삼고 있다고 생각합니다.

질문자7 (여성2) : 두 가지 질문을 드리고 싶습니다. 하나는 아시아여성기금 이후에 일본 NPO 우스키 게이코(臼杵敬子)라는 분이 세우신 일본 CFC 활동이 종료되었는데요. 그 활동이 그동안 한국 위안부를 케어하는 역할을 해왔는데 종료가 됐고, 또 다른 한 축에서는 재단에서 돈으로 작업하고 있는데 일본 NPO 단체 종료에 대해서 어떻게 보시는지 궁금합니다.

그리고 다른 하나는 이미 많은 말씀을 해주셨는데, 최근 소셜펀딩이나 크라우드펀딩을 통해 한국 시민과 시민단체가 돈을 모아 정의기억재단에 후원하는 활동이 많이 이루어지고 있거든요. 그 활동에 대해선 어떻게 보시는지요?

와다 : 우스키 씨는 매우 이른 시점부터 위안부 문제에 대해 인식하고 위안부(관련) 활동을 해 오신 분입니다. 전쟁 책임을 분명하게 하는 모임인 '핫키리카이(日本の戦後責任をハッキリさせる会)'라고 하는 모임도 만들어서 위안부 분들과 매우 친밀한 관계를 만들어 오신 분입니다. 아시아여성기금이 생겼을 때 '핫키리카이'는 일본 정부에 대한 비판적인 태도를 보이면서도 한편으로 아시아여성기금의 입장을 지지하고 활동을 도왔다고 생각합니다. 따라서 우스키 씨는 아시아여성기금에 여러 가지로 도움을 주었습니다. 한국을 방문해서 피해자들을 만나 여성기금을 받아달라고 부탁하는 활동도 하셨습니다. 그런 이유로 한국에서는 요주의 인물이 되셔서 한때 입국 금지 조치를 받기도 하셨습니다. 지금은 해제가 되셨지만.

그런데 이 아시아여성기금이 종료되는 시점에서 아시아여성기금을 받아들인 할머니들이 결국 문제가 될 수 있었고, 그래서 이분들을 어떻게 할 것인가 하는 논의 끝에, 사후관리가 필요하다는 입장에서 기금을 받아들인 분들에 대한 후속 조처를 하기로 됐던 겁니다.

그래서 이때 우스키 씨가 NPO를 만들고 이 활동을 지원하기 위해서 아시아여성기금에서도 당시 기금에 남아 있던 5천만 엔 중에서 3천만 엔을 NPO의 활동 자금으로 제공했습니다. 이에 더해서 일본 정부에서도 사후관리 비용으로 연간 1천만 엔을 10년 동안 지속해서 지출을 해왔는데, 아까 말씀드린 아시아여성기금에서 우스키 씨와 NPO 쪽으로 전달해달라고 한 3천만 엔은 오로지 한국 위안부할머니들을 위해서만 쓰였고, 일본 정부가 10년 동안 제공한 1천만 엔은 한국과 대만, 필리핀 그리고 일부 인도네시아인들에게 쓰였던 것입니다.

그런데 이번 합의 이후 우스키 씨와 NPO 입장에서 활동을 접을 이유가 없었기 때문에 우스키 씨 자신이 활동을 그만두겠다고 한 것은 아니라고 알고 있습니다. 문제는 일본 정부가 이를 계기로 사후관리 활동을 중지한다는 결정을 내린 것인데, 이와 같은 결정을 내리면서 한국만이 아니라 그동안에 지원해온 대만과 필리핀, 인도네시아에 대한 지원까지 끊는다고 한 것은 논리적으로도 납득이 안가는 대단히 문제가 많은 조치라고 생각합니다.

정의기억재단에 관련해 말씀드리면 이런 노력은 환영할 만한 일이라고 생각합니다. 그리고 다양한 조직에서 기금을 모으고 있다는 사실도 알고 있고, 그런 활동에 대해서도 경의를 표합니다. 정대협, 예컨대 나비기금 같은 데서 활동을 전개하고 있는 것으로 알고 있는데, 일본이 아무 조치도 취하지 않았던 지역인 북한이나 중국, 동티모르 또 인도네시아 등, 정의기억재단이 이들 지역에서도 일본 정부가 나서서 조치를 취하도록 요구하는 것이 중요하다고 생각합니다.

덧붙여 말하자면, 일본 정부는 현재 그런 일을 할 생각이 전혀 없습니다. 따라서 그런 일본 정부에 요구를 해서 움직이게 하는 것이 한국의 역할입니다. 합의가 이루어진 지금이야말로 한국에 제공했던 것만큼 다른 지역에도 제공해야 한다는 요구를 할 수 있는 좋은 기회라고 생각합니다. 그런 의미에서 한국의 도움이 필요합니다. 그리고 또 하나 주목해야 할 점은 이번 합의 내용에 있는 '모든 피해자분들에게'란 구절입니다. 여기서 말하는 모든 피해자라는 말은 고노 담화에서 따온 표현인데, 고노 담화에서 말하는 '모든'은 전 세계에 있는 위안부들을 대상으로 하는 것이고 따라서 아베의 이번 사죄도 전 세계 피해자를 대상으로 했다는 의미가 포함되어 있습니다. 그러므로 지금이 바로 이 합의를 바탕으로 일본 정부가 전 세계 위안부에게 마땅히 해야 할 일을 하라는 요구를 제기할 수 있는 시점이라고 생각합니다.

남기정 : 시간이 지금 7시가 되어서, 원래 계획했던 시간보다 30분이 더 초과가 되었습니다. 아직도 뭔가 더 듣고 싶어 하시는 표정들이신데, 시간 관계상 여기서 끝낼 수밖에 없습니다.

모쪼록 오늘 강연과 질의, 응답이 위안부 문제에 대한 이해와 해결에 도움이 되기를 바라는 마음 간절합니다. 오늘 귀중한 말씀과 의견 주신 와다 선생님, 그리고 끝까지 자리를 지켜 주신 청중 여러분, 감사합니다. 그럼 이것으로 일본진단세미나를 마치겠습니다.

부록

일본군위안부 피해자 문제 관련 합의 내용
(2015년 12월 28일)

1. 기시다 후미오 일본 외무대신

먼저 일·한 국교정상화 50주년인 올해 연말에 서울을 방문하여 윤병세 장관과 매우 중요한 일·한외상회담을 개최할 수 있었던 것을 기쁘게 생각합니다. 일·한간 위안부 문제에 대해서는 지금까지 양국 국장급 협의 등을 통해 집중적으로 협의해 왔습니다. 그 결과에 기초하여 일본 정부로서 이하를 표명합니다.

① 위안부 문제는 당시 군의 관여 하에 다수의 여성의 명예와 존엄에 깊은 상처를 입힌 문제로서, 이러한 관점에서 일본 정부는 책임을 통감합니다.아베 내각총리대신은 일본국

내각총리대신으로서 다시 한번 위안부로서 많은 고통을 겪고 심신에 걸쳐 치유하기 어려운 상처를 입은 모든 분들에 대해 마음으로부터 사죄와 반성의 마음을 표명합니다.

② 일본 정부는 지금까지도 본 문제에 진지하게 임해 왔으며, 그러한 경험에 기초하여 이번에 일본정부의 예산에 의해 모든 前 위안부분들의 마음의 상처를 치유하는 조치를 강구합니다. 구체적으로는, 한국 정부가 前 위안부분들의 지원을 목적으로 하는 재단을 설립하고, 이에 일본 정부 예산으로 자금을 일괄 거출하고, 일한 양국 정부가 협력하여 모든 前 위안부분들의 명예와 존엄의 회복 및 마음의 상처 치유를 위한 사업을 행하기로 합니다.

③ 일본 정부는 이상을 표명함과 함께, 이상 말씀드린 조치를 착실히 실시한다는 것을 전제로, 이번 발표를 통해 동 문제가 최종적 및 불가역적으로 해결될 것임을 확인합니다. 또한, 일본 정부는 한국 정부와 함께 향후 유엔 등 국제사회에서 동 문제에 대해 상호 비난·비판하는 것을 자제합니다.

또한 앞서 말씀드린 예산 조치에 대해서는 대략 10억엔 정도를 상정하고 있습니다. 이상 말씀드린 것은 일·한 양 정상의 지시에 따라 협의를 진행해 온 결과이며, 이로 인해 일한관계가 신시대에 돌입하게 될 것을 확신합니다. 이상입니다.

2. 윤병세 한국 외교장관

한·일간 일본군위안부 피해자 문제에 대해서는 지금까지 양국 국장급협의 등을 통해 집중적으로 협의를 해 왔다. 그 결과에 기초하여 한국정부로서 아래를 표명한다.

① 한국 정부는 일본 정부의 표명과 이번 발표에 이르기까지의 조치를 평가하고, 일본 정부가 앞서 표명한 조치를 착실히 실시한다는 것을 전제로, 이번 발표를 통해 일본 정부와 함께 이 문제가 최종적 및 불가역적으로 해결될 것임을 확인한다. 한국 정부는 일본 정부가 실시하는 조치에 협력한다.

② 한국 정부는 일본 정부가 주한일본대사관 앞의 소녀상에 대해 공관의 안녕·위엄의 유지라는 관점에서 우려하고 있는 점을 인지하고, 한국 정부로서도 가능한 대응방향에 대해 관련 단체와의 협의 등을 통해 적절히 해결되도록 노력한다.

③ 한국 정부는 이번에 일본 정부가 표명한 조치가 착실히 실시된다는 것을 전제로, 일본 정부와 함께 향후 유엔 등 국제사회에서 이 문제에 대해 상호 비난·비판을 자제한다.

日韓両外相共同記者発表
(2015年 12月 28日)

1. 岸田外務大臣

　日韓間の慰安婦問題については、これまで、両国局長協議等において、集中的に協議を行ってきた。その結果に基づき、日本政府として、以下を申し述べる。

　(1) 慰安婦問題は、当時の軍の関与の下に、多数の女性の名誉と尊厳を深く傷つけた問題であり、かかる観点から、日本政府は責任を痛感している。安倍内閣総理大臣は, 日本国の内閣総理大臣として改めて、慰安婦として数多の苦痛を経験され、心身にわたり癒しがたい傷を負われた全ての方々に対し、心からおわびと反省の気持ちを表明する。

(2)　日本政府は、これまでも本問題に真摯に取り組んできたところ、その経験に立って、今般、日本政府の予算により、全ての元慰安婦の方々の心の傷を癒やす措置を講じる。具体的には、韓国政府が、元慰安婦の方々の支援を目的とした財団を設立し、これに日本政府の予算で資金を一括で拠出し、日韓両政府が協力し、全ての元慰安婦の方々の名誉と尊厳の回復、心の傷の癒やしのための事業を行うこととする。

　(3)　日本政府は上記を表明するとともに、上記(2)の措置を着実に実施するとの前提で，今回の発表により、この問題が最終的かつ不可逆的に解決されることを確認する。あわせて、日本政府は、韓国政府と共に、今後、国連等国際社会において、本問題について互いに非難・批判することは控える。

2. 尹(ユン)外交部長官

　韓日間の日本軍慰安婦被害者問題については、これま

で、両国局長協議等において、集中的に協議を行ってきた。
その結果に基づき、韓国政府として、以下を申し述べる。

(1)　韓国政府は、日本政府の表明と今回の発表に至る
までの取組を評価し、日本政府が上記1.(2)で表明した措置
が着実に実施されるとの前提で、今回の発表により、日本
政府と共に、この問題が最終的かつ不可逆的に解決される
ことを確認する。韓国政府は、日本政府の実施する措置に協
力する。

(2)　韓国政府は、日本政府が在韓国日本大使館前の少女
像に対し、公館の安寧・威厳の維持の観点から懸念している
ことを認知し、韓国政府としても、可能な対応方向につい
て関連団体との協議を行う等を通じて、適切に解決される
よう努力する。

(3)　韓国政府は、今般日本政府の表明した措置が着実に
実施されるとの前提で、日本政府と共に、今後、国連等国
際社会において、本問題について互いに非難・批判するこ
とは控える。

Announcement by Foreign Ministers of Japan and the Republic of Korea at the Joint Press Occasion
(December 28, 2015)

1. Foreign Minister Kishida

The Government of Japan and the Government of the Republic of Korea (ROK) have intensively discussed the issue of comfort women between Japan and the ROK at bilateral meetings including the Director-General consultations. Based on the result of such discussions, I, on behalf of the Government of Japan, state the following:

(1) The issue of comfort women, with an involvement of the Japanese military authorities at that time, was a grave affront to the honor and dignity of large numbers of women, and the Government of Japan is painfully aware of responsibilities from this perspective. As Prime Minister of Japan, Prime Minister Abe expresses anew his most sincere apologies and remorse to all the women who underwent immeasurable and painful experiences and suffered incurable physical and psychological wounds as comfort women.

(2) The Government of Japan has been sincerely dealing with this issue. Building on such experience, the Government of Japan will now take measures to heal psychological wounds of all former comfort women through its budget. To be more specific, it has been decided that the Government of the ROK establish a foundation for the purpose of providing support for the former comfort women, that its funds be contributed by the Government of Japan as a one-time contribution through its budget, and that projects for recovering the honor and dignity and

healing the psychological wounds of all former comfort women be carried out under the cooperation between the Government of Japan and the Government of the ROK.

(3) While stating the above, the Government of Japan confirms that this issue is resolved finally and irreversibly with this announcement, on the premise that the Government will steadily implement the measures specified in (2) above. In addition, together with the Government of the ROK, the Government of Japan will refrain from accusing or criticizing each other regarding this issue in the international community, including at the United Nations.

2. Foreign Minister Yun

The Government of the Republic of Korea (ROK) and the Government of Japan have intensively discussed the issue of comfort women between the ROK and Japan at bilateral meetings including the Director-General consultations.

Based on the result of such discussions, I, on behalf of the Government of the ROK, state the following:

(1) The Government of the ROK values the GOJ's announcement and efforts made by the Government of Japan in the lead-up to the issuance of the announcement and confirms, together with the GOJ, that the issue is resolved finally and irreversibly with this announcement, on the premise that the Government of Japan will steadily implement the measures specified in 1. (2) above. The Government of the ROK will cooperate in the implementation of the Government of Japan's measures.

(2) The Government of the ROK acknowledges the fact that the Government of Japan is concerned about the statue built in front of the Embassy of Japan in Seoul from the viewpoint of preventing any disturbance of the peace of the mission or impairment of its dignity, and will strive to solve this issue in an appropriate manner through taking measures such as consulting with related organizations about possible ways of addressing this issue.

(3) The Government of the ROK, together with the Government of Japan, will refrain from accusing or criticizing each other regarding this issue in the international community, including at the United Nations, on the premise that the Government of Japan will steadily implement the measures it announced.

講演録

朴槿恵大統領弾劾罷免後の
日韓関係を考える
(2017年 3月 31日)

和田春樹

1.

　韓国国民の勝利は偉大な勝利であり、危機に立つ東北アジア情勢に光りをもたらすものである。韓国国民は大統領の不正、不当な行為に目をつぶることなく、長期間にわたる連続的な平和的デモにより、朴槿恵大統領を弾劾し、ついにその罷免を勝ち取った。まことに民主主義の鑑であり、敬服に値する。振返ってみれば、今日東北アジアは北朝鮮危機を中心に極度の緊張対立状態にあり、戦争か、平和かという問題の前に立っている。主要な構成国の政権

は、みな等しく信頼性をそなえていない。そのときに韓国の新大統領には地域の平和に対して大きなイニシアティヴをとってもらえるとの期待が高まっている。

2.

韓国の新大統領がそのような新しいイニシアティヴをとろうとするなら、隣国日本との関係を検証して、過去の関係について明確な認識を持ち、新しい政策を打ち出さなければはずである。しかし、そのことは新大統領とそのスタッフが考えるべきことだというにとどまらず、朴大統領の政治を終らせるために、デモを続けた韓国の市民みなが考えて、つくり出さなければならない立場だと思われる。

3.

今日韓国の国民、市民、民衆が日本との関係を考えるときの最大の問題が2015年12月28日の日韓合意の評価であり、少女像問題であることを承知している。過ぎし朴大統領統治時代を総括するに当たっても、このことは重要問題の一つとみなされるであろう。

4.

　韓国と日本は協力して生きていくべき隣国である。しかし、近代において日本が朝鮮を力によって併合し、36年間植民地として支配した事実、そのもたらした傷と痛み、そしてそのことの記憶は、両国の協力共生関係の構築にとって大きな障害となって横たわっている。これが両国にとって歴史問題である。両国の協力を望む者はこの事実を見つめ、その傷と痛みを治癒し、記憶を乗り越えていくために努力しつづけなければならない。だから、日本国民にとっては、植民地支配の過去を反省し、謝罪することは永遠の課題である。

5.

　慰安婦問題は、日本と韓国の歴史問題の中で最も大きな問題として意識され、両国民はその解決に努力してきた。金学順ハルモニがカミングアウトして以来、4分の1世紀が経過した2015年は、運動は最後の局面を迎え、問題がともかくも一定の解決に至らなければならない時点であった。

　25年の経過を大づかみにふり返ってみる。1990年10月

韓国女性8団体が日韓政府に公開書簡を出し、慰安婦問題6項目要求を提起した。翌月挺対協がスタートした。1991年8月の金学順ハルモニのカミングアウトの後、日本政府は韓国盧泰愚政権の促しを受けて、慰安婦問題の調査を開始し、1993年には河野官房長官談話を出し、慰安婦認識を確立して、謝罪した。その謝罪を表す方式として、村山自社さ連立政権が1995年7月アジア女性基金を設立し、慰安婦問題に対する謝罪と償い(atonement, 贖罪sokje)の事業を開始した。しかし、償い金に政府の資金を入れることはできない、民間の募金だけでまかなうとした基金の基本コンセプトに対して、韓国の被害者の多くと運動団体、日本の運動団体が反対し、基金構想撤回、アジア女性基金の事業中止を要求した。挺対協は責任者処罰などを加えた7項目要求を掲げ、法的責任を認め、法的賠償を支払えと主張した。

基金と日本政府はこの要求には応じなかった。しかし、被害者全員に国民募金から200万円の償い金を支払うとすれば、韓国、台湾、フィリピンだけでも、支払うことはできず、政府資金を加えなければ事業継続は不可能であることが事業開始時にはわかっていた。基本コンセプトは破産しており、修正が必要であったのに、それはなされないままに事業は進められた。事業実施の過程で、アジア女

性基金は、政府資金による医療福祉支援をも事業の内容に加え、韓国と台湾ではこれを現金で一括支給することにしたので、償い事業の内容は、最終的には、政府から300万円、国民募金から200万円、あわせて500万円の支給となっていた。しかし、これでは韓国台湾の被害者と運動団体の納得は得られなかった。

結果として、アジア女性基金はフィリピン211人、オランダ79人にはatonement事業を一通り実施しえたが、韓国では60人、台湾では13人と登録被害者の3分の1程度にしか事業を実施しえずに終わり、和解の方向に前進できなかった。2007年基金は事業を終えて、解散した。

したがって、韓国では、日本政府の謝罪と贖罪の事業は目的を達成できなかったので、新たな努力を行うことが必要であったのである。しかし、そのような動きは日本国内からは現れなかった。

この事態の中で2011年8月韓国憲法裁判所が、慰安婦問題での韓国政府の不作為を憲法違反と判決した。これが「天の助け」となったのである。ここにおいて、韓国政府がはじめて直接慰安婦問題の解決を日本政府に求めるという新しい対抗の構図が出現することになった。もとよりこの間も挺対協は運動を続けた。同年12月水曜デモは1000回に

達し、挺対協は少女像を日本大使館前に設置した。数日後の日韓首脳会談で李明博大統領は野田首相に慰安婦問題解決の強硬な申し入れを行った。野田首相は「知恵を出す」と辛うじて回答した。

2012年2月、日本の運動団体の連合体、「全国行動2010」は花房俊雄共同代表の名で、政府間協議での政治決断による解決を求め、①被害者の心に響く謝罪、②政府資金による「償い金」の支給、③人道支援という考えの拒絶、の3項目を提案した。これが、斎藤勁官房副長官に伝えられ、同年10月28日李大統領の特使李東官大使との間で解決案合意に至った。①日韓首脳会談で合意し、合意内容を首脳会談コミュニケで発表する。②首相の新しい謝罪文では、「道義的」という言葉を冠さず、「責任を認める」と表現する、③駐韓大使が首相の謝罪文と国費からの謝罪金を被害者に届ける、④第三次日韓歴史共同研究委員会を立ち上げて、そこに慰安婦問題小委員会をつくり、日韓共同で慰安婦問題の真相究明にあたる。この合意案は李大統領によって承認されたが、野田首相は拒否し、そのまま流れた。民主党政権は総選挙で敗北し、退陣した。

2012年末、民主党政権に代わって、自民党安倍晋三第二次政権が誕生した。歴史修正主義者の安倍氏は、河野談

話、村山談話の再検証を主張して総裁選挙に勝利したので、総理になった直後からその方針を明言していた。慰安婦問題の解決は全く不可能となり、反動の到来が覚悟された。しかし、安倍政権のこの方針に対する米国の批判は最初から厳しかった。そして、2013年2月東北アジア初の女性元首朴槿恵大統領が就任するや、慰安婦被害者のために解決を求める方針を明確にし、ついには安倍首相が考えを変えない限り、日韓首脳会談を拒否するとして、正面から圧力をかけはじめた。このため日本の歴史修正主義勢力は朴槿恵大統領に対する個人攻撃の週刊誌キャンペーンを組織し、日韓関係は極度に険悪化した。米国オバマ大統領が介入し、政権のリベラル派ブレーンからの説得もあったのであろう。2014年3月14日安倍首相は、ついに河野談話継承を明言せざるを得なくなった。

3ヶ月後の6月、第12回アジア連帯会議が慰安婦問題解決の提案を採択した。これは日本の全国行動と韓国挺対協の共同提案に基づくものであった。①河野談話の継承発展に基づく解決、②日本政府の責任を認めた謝罪、加害事実の承認(軍の慰安所で意に反して慰安婦・性奴隷にされた、人権抑圧であるなど)、③翻すことのできない方法で謝罪を表明すること、④謝罪の証としての賠償、⑤真相究明と

再発防止。このような内容で朴槿恵大統領と安倍首相が合意して、解決してほしいという提案である。法的責任、法的謝罪、責任者処罰という言葉はここには全くない。「謝罪の証としての賠償」ということは、政府資金による支払いということを意味するにすぎない。

　2015年4月安倍首相は訪米し、米国政府に慰安婦問題解決についての韓国政府の要求に応じるとの態度を伝えたとみえる。この訪米の後から、谷内正太郎国家安全保障会議事務局長と李炳琪大統領秘書室長の間で秘密交渉が始まったと考えられる。安倍首相は自らの支持勢力である歴史修正主義派のことを考えて、謝罪に基づく新しい解決に長く踏み切れなかった。しかし、同年11月谷内、李2氏が同席したソウルの日韓首脳会談で、両首脳は慰安婦問題の早期妥結で合意した。そして、12月28日、日韓外相会談で合意がなされ、発表された。

6.

　この合意は、経過からすれば、日本安倍政権が韓国の朴槿恵政権の要求を受け入れ、望まない河野談話の継承を誓約した上で、慰安婦問題について新たに謝罪し、日本政

府の予算から慰安婦の名誉と尊厳の回復、癒しがたい傷の治癒のために10億円を差し出すという追加的な措置をとったということを意味する。これは安倍首相にとっては明らかに強いられた措置であり、朴政権からすれば勝ち取った交渉の成果である。

　日本の国内では、安倍首相がここまでするということは大方の予想を越えたことであり、安倍氏の支持者である歴史修正主義者たちには大いなる幻滅と失望を与えたが、国民はこれを歓迎した。1995年のアジア女性基金につづいて今回の措置も支持したのである。日本国民は被害者に改めて謝罪し、金銭的な支給をしたことを当然のことと受け入れた。

　このことは日本政府の慰安婦問題に対する認識、態度、基本的な方針が不動のものとして維持されることを意味した。安倍氏の歴史修正主義の風がひとしきり荒れ狂った中においてみれば、考えられないような慶事であった。こう考えれば、「不可逆的な措置」が合意の中で語られたことは、日本政府がこの立場から後退しない、再修正の挑戦は行われないということの表明がなされたということである。

7.

　だが、安倍氏は自らが強いられて行った謝罪と贖罪の
措置の印象を直ちに見えなくする、かき消す、そして意味
も迫力もないものに見せるという努力を自己弁明のために
行った。それはさまざまなことに現れている。安倍首相は
朴大統領に電話で謝罪を1回し、自分の名前の入った謝罪文
を残さない。追加的な措置は一切行わないとし、慰安婦問
題についての韓国側のあらゆる行動に反対するなどであ
る。韓国の被害者、運動団体、市民団体一般はその安倍氏
の謝罪かき消し戦術に強く反発した。それは十分理解され
ることである。だが、考えてほしいことは、安倍氏がい
かに画策しようと、アジア女性基金の解散の後で、韓国側
の要求にしたがって、安倍政府が慰安婦問題で謝罪し、追
加の措置をとったという事実を歴史の中から消すことはで
きないということである、

8.

　安倍氏の謝罪の内容には前進がある。アジア女性基金
の事業実施の際に出された橋本首相の謝罪の手紙の主文を
繰り返しているが、「道義的責任」という言葉を「日本政府

の責任」に変えている。これは野田、李明博時代の両国交渉の成果を乗り込んだものとみえる。

9.

運動団体は、政府間の交渉に対して、慰安婦問題の解決のためには、政府間の合意にあたって尊重されるべき要望事項を2回にわたり提起した。一つは2012年2月の花房提案であり、もう一つは2014年6月の第12回アジア連帯会議提案である。日韓合意を評価するにあたって依拠すべき検証の枠組みは、この二つの提案である。つまり、1990年の挺対協6項目要求、のち責任者処罰が加わった7項目要求はもはや検証の枠組みにはなりえない。この二つの提案と合意を比較すれば、基本的には二つの提案は合意に取り込まれているが、謝罪が被害者の心に響くようなかたちでなされなかったこと、慰安婦加害事実の認定が含められなかったことを指摘できる。しかし、全面否定されるようなものではないといえる。

10.

もう一つ重大なことは和解と治癒財団は35人の生存被

害者に1000万円、1億ウォンの治癒金を支払ったことである。受け取っていない生存被害者がハンギョレ12月28日報道では国内10人であるとすれば、受け取った人は8割程度に達しているのである。挺対協は1995年の反省から受け取る、受け取らないのは被害者が決めることだという考えを確立している。したがって、挺対協はこの帰結を重く受け止めているものと思われる。一般市民団体が合意撤回を主張すると、受け取った被害者を非難することになる恐れがある。それはぜひとも回避しなければならない。

11.

日本の国民は安倍政府の日韓合意を支持している。新たな謝罪と10億円の拠出も支持している。したがって日韓合意の破棄が言われると精神的な打撃を受けることになる。

12.

合意を受け入れて、その内容を歴史的に明確にする追加措置を求めるのがいい。

被害者の「名誉と尊厳の回復、心の傷の治癒(癒し)のための事業」の第二の内容として、財団がこの世を去った被

害者ハルモニのための慰霊碑の建設を進めることがふさわしい。このたびの日韓合意をひとまずの解決として、両国民の記憶にとどめるためにするのであれば、日本の政府の参加を経て、韓国の和解と治癒財団がソウルに慰霊碑を建てるのが望ましい。

　慰霊碑には、韓国政府の責任でまとめられた日韓政府が到達した慰安婦認識を記載して、慰安婦問題の説明とし、次に12月合意とおりに、安倍総理の謝罪の言葉を記載し、最後に新大統領の歴史認識の深化と拡散の決意、死者ハルモニへの慰霊と日韓の和解を願う言葉を記載することができる。冒頭の慰安婦認識のパートには、アジア連帯会議の4項目を最大限盛り込むように文章に配慮すれば、慰霊碑建設に対する支持を広げることができるであろう。

13.

　ところで、慰安婦問題について日本から謝罪も謝罪を表す金銭的な措置を全く受けていない被害者が今だに多い。北朝鮮、朝鮮民主主義人民共和国には200人以上の被害者が政府に登録したと言われていた。その多くは死亡したと言われている。しかし、生存している人もいるだろ

う。この人々にも日本政府は謝罪をし、支払いをすべきで
あるということを韓国の被害者、運動団体からメッセージ
を出して欲しい。200人が死亡し、10人が生存していると
いうなら、韓国の和解と治癒財団が決定した基準によっ
て、北朝鮮の被害者には5億円が支払われてよいのであ
る。また中国では、慰安婦被害者として、日本の裁判所に
24人が訴訟を提起して、全員敗訴し、全員がすでに恨みを
抱いたまま、死亡してしまった。この人々の遺族に対し
て、謝罪の言葉と200万円が届けられるべきである。他に
はインドネシアの被害者の問題もある。韓国の被害者、運
動団体から、このことの指摘、要望が出されれば、日本を
大いに助けることになるだろう。

14.

だが2017年春の東北アジアの最大の問題は北朝鮮を取
り巻く危機的な情勢である。韓国の新大統領にはこの面で
の大いなるイニシアティヴが期待されている。

北が核実験、ミサイル発射をすれば、周辺国は国連安
保理制裁の格上げを行う、ということの繰返しが行われて
いる。北を締めつけるが、北は核開発をやめず、緊張は激

化する。ミスが命取りとなる危険な状態である。今度延坪島事態が再現されれば、韓国軍は報復砲撃をするだろう。そうなれば、何が起こるかわからない。南北間には安全装置がない。朝鮮有事は朝鮮戦争の再現にはならず、瞬時にして局地的衝突は全面戦争になる。朝鮮全土と日本はミサイル攻撃の対象になり、日本は自動的に参戦することになる。米国はこれを防ぐためとして外科手術的テロ攻撃をねらうと威嚇しているが、これが北朝鮮がいきり立つ条件となっている。

　金正男殺害事件は改めて北朝鮮体制のはらむ問題性を示している。この事件は何人が起こしたにせよ、北朝鮮の孤立、緊張はいっそう高まっている。

　すでにアメリカのこの間の政策は失敗している。日本の北朝鮮に対する政策も失敗である。根本的な政策転換が必要である。日本は平和憲法の国であり、平和憲法第9条は国際紛争の非軍事的解決を求めている。平和国家なら平和外交をやるべきである。

　求められているのは、オバマ・モデル「無条件キューバ国交樹立」にならって、「無条件北朝鮮国交樹立」を行うことである。植民地支配関係の清算の扉を開くことだ。国交を樹立して、大使を交換、制裁は維持したままとするこ

と。そして、ただちに三つの問題で交渉を開始することでする。①つまり経済協力について、植民地支配の清算について、②拉致問題について、③核・ミサイル問題について、である。

　日本がこの方向に進むよう説得することが韓国の課題である。日朝交渉を助けるために、慰安婦問題で韓国にしたことを北朝鮮にもするように促しながら、歴史問題で残った問題の解決に進むべきである。日韓条約第2条の解釈問題を解決する。併合条約は当初より無効であったと日本に認めさせる。これなくしては日朝条約は締結されない。独島を持って韓国は独立したという事実を日本に認めさせる。この課題は実現されなければならない。

저 자 | 와다 하루키(和田春樹)

역사학자(소련·러시아사 전공), 사회운동가.

[경력]

1960년 도쿄대학 문학부 서양사학과 졸업

1960년 도쿄대학사회과학연구소 조수

1966년 동 연구소 강사

1968년 동 연구소 조교수

1985년 동 연구소 교수

1996년 동 연구소 소장

1998년 도쿄대학 명예교수

2001년 도호쿠대학 동북아시아연구센터 객원교수

[수상]

2010년 한국 전남대학교에서 「제4회 후광 김대중 학술상」 수상

[저서]

『近代ロシア社会の発展構造—1890年代のロシア』(東京大学社会
  科学研究所, 1965年)

『ニコライ·ラッセル—国境を越えるナロードニキ(上·下)』(中央
  公論社, 1973年)

『マルクス·エンゲルスと革命ロシア』(勁草書房, 1975年)

『農民革命の世界—エセーニンとマフノ』(東京大学出版会,

1978年)

『韓国民衆をみつめること』(創樹社, 1981年)

『韓国からの問いかけ—ともに求める』(思想の科学社, 1982年)

『私の見たペレストロイカ—ゴルバチョフ時代のモスクワ』(岩波書店[岩波新書], 1987年)

『北の友へ南の友へ—朝鮮半島の現状と日本人の課題』(御茶の水書房, 1987年)

『ペレストロイカ—成果と危機』(岩波書店[岩波新書], 1990年)

『北方領土問題を考える』(岩波書店, 1990年)

『ロシアの革命1991』(岩波書店, 1991年)

『開国—日露国境交渉』(日本放送出版協会[NHKブックス], 1991年)

『金日成と満州抗日戦争』(平凡社, 1992年)

『歴史としての社会主義』(岩波書店[岩波新書], 1992年)

『ロシア・ソ連』(朝日新聞社, 1993年)

『朝鮮戦争』(岩波書店, 1995年)

『歴史としての野坂参三』(平凡社, 1996年)

『北朝鮮—遊撃隊国家の現在』(岩波書店, 1998年)

『北方領土問題——歴史と未来』(朝日新聞社[朝日選書], 1999年)

『ロシア—ヒストリカル・ガイド』(山川出版社, 2001年)

『朝鮮戦争全史』(岩波書店, 2002年)

『朝鮮有事を望むのか—不審船・拉致疑惑・有事立法を考える』(彩流社, 2002年)

『日本・韓国・北朝鮮——東北アジアに生きる』(青丘文化社, 2003年)

『東北アジア共同の家—新地域主義宣言』(平凡社, 2003年)

『同時代批評—日朝関係と拉致問題』(彩流社, 2005年)

『テロルと改革―アレクサンドル二世暗殺前後』(山川出版社、2005年)

『ある戦後精神の形成 1938-1965』(岩波書店, 2006年)

『日露戦争 起源と開戦』(岩波書店, 2009-10年)

『日本と朝鮮の一〇〇年史 これだけは知っておきたい』平凡社新書、2010

『領土問題をどう解決するか 対立から対話へ』平凡社新書、2012

『北朝鮮現代史』岩波新書、2012

『慰安婦問題の解決のために アジア女性基金の経験から』平凡社新書、2015

역 자┃양지영

　한일비교문학·문화 전공, 숙명여자대학교 일본학과 강사. 일본 쓰쿠바 대학 문예언어연구과 박사과정 졸업. 주요 업적은『근대 일본의 '조선 붐'』(공저, 역락, 2013),『재조일본인과 식민지 조선의 문화2』(공저, 역락, 2015) 등 다수. 역서에는『식민지기 조선의 음악계』(역락, 2015),『재조일본인이 본 결혼과 사회의 경계 속 여성들』(역락, 2016)

◯ IJS 서울대학교 일본연구소
Reading Japan **24**

위안부 합의 이후 한일관계
朴槿惠大統領弾劾罷免後の日韓関係を考える

초판인쇄 2017년 06월 27일
초판발행 2017년 07월 03일

기 획 서울대학교 일본연구소
저 자 와다 하루키(和田春樹)
역 자 양지영
발 행 인 윤석현
책임편집 안지윤
발 행 처 제이앤씨
등 록 제7-220호

주 소 서울시 도봉구 우이천로 353 성주빌딩 3F
전 화 (02)992-3253(대)
전 송 (02)991-1285
전자우편 jncbook@daum.net
홈페이지 http://www.jncbms.co.kr

ⓒ 서울대학교 일본연구소, 2017. Printed in KOREA.

ISBN 979-11-5917-064-5 03300   **정가** 7,000원